KB067792

평생 간직하는
영어 명문 필사

평생 간직하는
영어 명문 필사

감동이 있는 영어력

제임스 파크 엮음

북카라반 CARAVAN

프롤로그

영어 명문,
필사와 암기의 기적

"구글 클릭 한 번으로 무엇이든 찾아볼 수 있기 때문에 긴 구절이나 역사적인 사실을 기억하는 일은 더 이상 쓸모가 없다."

캐나다의 과학기술 전문 작가인 돈 탭스콧의 말입니다. 암기는 시간 낭비라는 주장입니다. 탭스콧을 비롯해 이런 말을 하는 전문가가 많습니다. 그렇게 말하는 것이 시대를 앞서가는 듯한 느낌을 주기 때문에 그러는 것인지는 몰라도, 이는 난센스에 가깝습니다. 누군가와 대화를 나누면서 수시로 포털 검색을 할 순 없는 일입니다. 그게 가능하지 않은 상황일 수도 있습니다. 물론 어떤 분야에선 '암기 무용론'이 옳다는 걸 부정할 필요는 없습니다. 다만 언어적 소통을 위해선 암기가 필요하거나 유익하다는 것을 부정하지만 않으면 됩니다. 분야와 필요에 따라

'암기 유용론'과의 공존을 인정하자는 것입니다.

글쓰기 전도사인 강원국은 그의 저서 『강원국의 글쓰기』에서 "나는 초등학교 1학년 때 좋은 문장 20~30개는 외우게 해야 한다고 생각한다. 그 정도 좋은 문장만 알고 있어도 그 안에 우리가 쓰는 모든 문장 형식과 수사법이 포함되어 있다"며 다음과 같이 말했습니다.

"그것만 외우면 다양한 문장을 구사할 수 있다. 구구단을 외워 무의식적으로 셈하듯 말이다. 우리 뇌에 패턴 인식 기능이 있기 때문이다. 문장이라는 데이터를 넣어주면 우리 뇌는 문장 형식이나 수사법을 재현할 수 있다. …… 내가 이렇게 확신하는 이유가 있다. 중학교 때 영어 선생님이 한 단원을 통째로 외우라고 했다. 희한하게 영어가 됐다. 조선 시대 선비들은 글을 암송했다. 과거시험 작문을 그 힘으로 썼다. 이를 독서백편의자현讀書百遍義自見이라고 한다. 백 번 읽었으니 외울 수 있고 쓸 수 있었을 것이다."

이는 곧 '암기의 기적'을 의미합니다. 암기의 효능·효과는 우리 일상에서 다반사로 경험할 수 있습니다. 평소에 외워 둔 멋진 영어 명문은 자기소개서나 면접, 프레젠테이션에서도 활용할 수 있고, 비즈니스나 지적대화가 필요한 자리에서도 유용하게 써먹을 수 있습니다. 또한 인문 소양과 내적 성숙 등 자기계발에도 큰 도움이 됩니다. 인간의 본성과 세상사의 본질을 꿰뚫는 촌철살인 명문장을 통해 스스로를 더욱 단단하게 만들 수 있습니다.

이 책은 이러한 암기의 기적을 구현시키기 위해 필사 형식으로 구

성했습니다. 눈으로만 읽는 것보다는 직접 써가면서 한 문장 한 문장 외워보시길 바랍니다. 책에 담긴 글들은 무엇 하나 버릴 게 없는 주옥 같은 명문입니다. 세계 저명인사들의 수많은 명언·명문 중 오늘날, 바로 지금 이 순간에도 유효한 글들만을 담았습니다. 더불어 감동을 주는 글, 울림이 있는 글, 철학적인 글, 교훈적인 글, 짧고 간결하면서 강렬한 인상을 주는 글들을 모았습니다.

바야흐로 디지털 시대입니다. 이제는 마음만 먹으면 거의 모든 정보를 손쉽게 얻을 수 있는 시대가 되었습니다. 그럼에도 인문 소양, 어휘력, 문해력, 영어력 등 개인의 능력에는 차이가 있습니다. 별 것 아닌 것 같아도 약간의 차이가 성공이나 삶의 만족도에 큰 결과를 가져오기도 합니다. 이러한 차이를 채우는 데에는 많은 노력과 시간이 필요합니다. 하지만 바쁘고 할 일 많은 세상에 시간을 할애하는 것이 쉽지만은 않습니다. 이 책『평생 간직하는 영어 명문 필사 : 감동이 있는 영어력』은 독자분들의 그러한 사정을 감안해 누구나 조금만 시간을 투자하면 가성비 최고의 결과를 누릴 수 있게끔 고품질·고효능의 편집력을 발휘했습니다. 차분하게 하루의 자투리 시간을 이용해서 손수 한 땀 한 땀 지식을 새기다보면 자신도 모르게 놀라운 감동의 결실을 맛보리라 믿습니다.

2024년 8월.

제임스 파크.

Behind the cloud the sun is shining still.
구름 뒤에서도 태양은 여전히 빛나고 있다.

- 미국 제16대 대통령 에이브러햄 링컨Abraham Lincoln, 1809~1865.

The family is one of nature's masterpieces.
가족은 자연의 걸작품 중의 하나다.

- 스페인 출신의 철학자 조지 산타야나George Santayana, 1863~1952.

Cheer up! The worst is yet to come.
힘내라! 최악은 아직 일어나지 않았다.

- 미국 언론인 필랜더 존슨Philander Johnson, 1866~1939.

Only the wearer knows where the shoe pinches.

진짜 괴로움은 당사자만이 안다.

• 이 속담에서 where the shoe pinches는 "재난(슬픔, 곤란 등의) 원인"이란 뜻이다. 발에 맞지 않는 신발을 신고 먼 길을 걷는 것은 고통스러운 일이다. 도대체 신발의 어느 부분이 발을 아프게 만드는가? 이 물음이 비유적으로 쓰이면서 위와 같은 뜻을 갖게 되었다. 1386년 '영국문학의 아버지'로 불리는 지아프리 초서Geoffrey Chaucer, 1343~1400의 『캔터베리 이야기Canterbury Tales』에 최초로 사용되었다.

The bigger the lie, the more its chance of being believed.

거짓말이 심할수록 받아들여질 가능성은 높아진다.

– 아돌프 히틀러Adolf Hitler, 1889~1945.

_____

_____

_____

_____

_____

You may delay, but time will not.

당신은 꾸물거릴 수 있어도, 시간은 꾸물거리지 않는다.

– 미국 정치가이자 발명가 벤자민 프랭클린Benjamin Franklin, 1706~1790.

_____

_____

_____

_____

_____

The best way to cheer yourself up is to try to cheer somebody else up.

자신을 격려하는 최상의 방법은 남을 격려하기 위해 애쓰는 것이다.

- 미국 작가 마크 트웨인Mark Twain, 1835~1910.

Whoever exalts himself will be humbled, and whoever humbles himself will be exalted.

누구든 자기를 높이는 자는 낮아지고, 누구든 자기를 낮추는 자는 높아지리라.

- 신약성서 마태복음Matthew 23장 12절.

Let bygones be bygones.

지난 일은 잊어버려요.

The only thing we have to fear is fear itself.

우리가 두렵게 생각해야 할 유일한 것은 두려움 그 자체다.

- 미국 제32대 대통령 프랭클린 루스벨트Franklin Delano Roosevelt, 1882~1945.

Who controls the past controls the future. Who controls the present controls the past.

과거를 지배하는 자가 미래를 지배한다. 현재를 지배하는 자가 과거를 지배한다.

- 영국 작가 조지 오웰George Orwell, 1903~1950.
• 오웰의 소설 『1984년』(1949)에서 오세아니아를 장악한 당의 슬로건이다.

The worst vice of the fanatic is his sincerity.

광신자의 최악은 그의 진실성이다.

- 아일랜드 작가 오스카 와일드Oscar Wilde, 1854~1900.

Do in Rome as the Romans do.
로마에서는 로마인들이 하는 대로 하라.

- 이 격언의 기원은 성 아우구스티누스St. Augustine, 354~430가 서기 383년 아프
리카에서 로마로 이사해 철학을 공부하던 시절로 거슬러 올라간다. 그는 로마의
기독교도들이 토요일에 금식을 하는 것에 익숙해졌는데, 밀라노에 철학교수 자
리를 얻어 이사한 뒤 밀라노 사람들은 토요일에 금식을 하지 않는 걸 보고 의아
하게 생각했다. 이런 궁금증에 대해 밀라노의 주교인 아우렐리우스 암브로시어
스Aurelius Ambrosius, 340~397가 아우구스티누스에게 다음과 같이 말한 게 이 격
언의 기원이 되었다고 한다. "로마에 가면 로마식으로 살고, 다른 곳에 가면 그
곳 사람들이 사는 식으로 사는 법이다."

Education is too important to be left solely to the educators.

교육은 너무 중요해서 교육자들에게만 맡겨둘 수 없다.

– 미 연방 교육국장 프랜시스 켑펠Francis Keppel, 1916~1990.

Power tends to corrupt, and absolute power corrupts absolutely.

권력은 부패하며, 절대권력은 절대 부패한다.

– 영국 정치인이자 역사가 액튼 경Lord Acton, 1834~1902.

Nothing is more gratifying to the mind of man than power of domination.

지배 권력만큼 인간 심성을 만족시켜주는 건 없다.

- 영국 작가 조지프 에디슨Joseph Addison, 1672~1719.

If you wish to know what a man is, place him in authority.

권력의 자리에 올랐을 때 인간 됨됨이가 드러난다.

The early bird catches the worm.

일찍 일어나는 새가 벌레를 잡는다.

Diligence is the mother of good luck.

근면은 행운의 어머니다.

- 미국 정치가이자 발명가 벤자민 프랭클린Benjamin Franklin, 1706~1790.

The first and worst of all frauds is to cheat oneself.

모든 사기의 최초이자 최악은 자기 자신을 속이는 것이다.

- 미국의 의사이자 노예해방운동가 가말리엘 베일리Gamaliel Bailey, 1807~1859.

Those who cannot remember the past are condemned to repeat it.

과거를 기억하지 못하는 사람들은 과거를 반복하도록 응징당한다.

- 스페인 출신의 철학자 조지 산타야나George Santayana, 1863~1952.

Creditors have better memories than debtors.

채권자의 기억력이 채무자의 기억력보다 좋은 법이다.

There's always a next time.

반드시 또 다른 기회가 있는 법이다.

Age is a matter of feeling, not of years.

나이는 감정의 문제일 뿐 세월의 문제는 아니다.

- 미국 작가 조지 윌리엄 커티스George William Curtis, 1824~1892.

There is no royal road to learning.
학문에 왕도(지름길)는 없다.

- 약 2,300년 전 이집트의 왕이 오늘날 '기하학의 아버지Father of Geometry'로 불리는 그리스의 유클리드Euclid, 330?~275? BC에게 물었다. "기하학을 배울 수 있는 쉬운 방법이 없겠소?" 유클리드의 답. "Sire, there is no royal road to learning."(폐하, 학문에 왕도는 없나이다.) 이 에피소드에서 유래된 말이라는 설이 유력하다.

A cynic is a man who knows the price of everything, and the value of nothing.
냉소주의자는 모든 것의 가격을 알지만 가치는 모르는 사람이다.

– 아일랜드 작가 오스카 와일드Oscar Wilde, 1854~1900.

Fortune favors the bold.
운명의 여신은 대담한 자의 편이다.

The cynic is one who never sees a good quality in a man, and never fails to see a bad one.

냉소주의자는 사람의 좋은 점은 보지 않으면서 나쁜 점을 보는 데엔 귀신 같은 사람이다.

- 미국의 목사이자 노예폐지운동가였던
헨리 워드 비처Henry Ward Beecher, 1813~1887.

Ability is of little account without opportunity.

기회가 없다면 능력이란 아무것도 아니다.

- 루이 나폴레옹 보나파르트Louis Napoleon Bonaparte, 1769~1821.

Boldness is a child of ignorance.

대담함은 무지의 자식이다.

- 영국 철학자 프랜시스 베이컨Francis Bacon, 1561~1626.

Boldness is a mask for fear, however great.

아무리 훌륭할지라도 대담함은 두려움을 감추려는 가면이다.

- 로마 시인 루칸Lucan, 39~65.

No man is an island.

그 누구도 섬은 아니다.

- 영국 시인 존 돈John Donne, 1572~1631.
- 모든 사람은 휴머니티라고 하는 대륙의 부분으로서 다른 사람들로부터 고립된 존재가 아니라는 뜻으로, 고립에 관한 이야기가 나올 때마다 빠지지 않고 인용되는 명언이다.

Money is not everything, but something.

돈이 전부는 아니지만 없으면 곤란하다.

There is no conversation more boring than the one where everybody agrees.

모든 사람이 의견의 일치를 이루는 대화만큼 지루한 건 없다.

- 프랑스 철학자이자 작가 몽테뉴Lord Michel Eyquem de Montaigne, 1533~1592.

I have never in my life learned anything from any man who agreed with me.

내 생각에 동의한 사람에게 배운 건 하나도 없다.

- 미국 법률가 더들리 필드 말론Dudley Field Malone, 1885~1955.

Fame is proof that people are gullible.

명성은 사람들이 어리숙하다는 증거다.

- 미국 철학자 랠프 왈도 에머슨Ralph Waldo Emerson, 1803~1882.

You may easily play a joke on a man who likes to argue—agree with him.

논쟁하길 좋아하는 사람을 골탕먹이는 방법은 그 사람의 주장에 동의하는 것이다.

- 미국 작가 에드 호우Ed Howe, 1853~1937.

The highest form of vanity is love of fame.

허영심의 극치는 명성욕이다.

- 스페인 출신의 철학자 조지 산타야나George Santayana, 1863~1952.

All roads lead to Rome.

모든 길은 로마로 통한다.

- 로마제국 시절 모든 길이 로마로 통하게끔 만들어 놓은 데에서 유래된 속담으로, 목적 달성엔 여러 방법이 있다는 걸 뜻한다.

God, grant me the serenity to accept the things I cannot change, the courage to change the things I can change, and the wisdom to know the difference.

신이시여, 제가 바꿀 수 없는 것들을 받아들일 수 있는 차분함을, 제가 바꿀 수 있는 것들을 바꾸는 용기를, 그리고 그 둘의 차이를 알 수 있는 지혜를 제게 주시옵소서.

– 미국의 신학자이자 정치학자인 라인홀트 니버Reinhold Niebuhr, 1892~1971.
• 컵 등에 씌어져 미국인들의 사랑을 받고 있는 "평온을 비는 기도Serenity Prayer"다.

There is nothing more frightful than ignorance in action.

무지에 의한 행동보다 더 두려운 건 없다.

- 독일 작가 요한 볼프강 폰 괴테Johann Wolfgang von Goethe, 1749~1832.

Faith is love taking the form of aspiration.

믿음은 열망의 형식을 취한 사랑이다.

- 미국 신학자 윌리엄 앨러리 채닝William Ellery Channing, 1780~1842.

Love your neighbor as yourself.
네 이웃을 네 몸과 같이 사랑하라.

- 신약성서 마태복음Matthew 22장 39절.

Love your enemies and pray for those who persecute
you.
너희의 원수를 사랑하며 너희를 핍박하는 자를 위하여 기도하라.

- 신약성서 마태복음Matthe 5장 44절.

Democracy is based upon the conviction that there
are extraordinary possibilities in ordinary people.
민주주의는 보통사람들에게 엄청난 잠재력이 있다는 신념에 기초한다.

- 미국 목사 해리 에머슨 포스딕Harry Emerson Fosdick, 1878~1969.

As I would not be a slave, so I would not be a master.
This expresses my idea of democracy.
내가 노예가 되고 싶지 않으므로 나는 주인도 되지 않으련다. 이것이 내가
생각하는 민주주의다.

- 미국 제16대 대통령 에이브러햄 링컨Abraham Lincoln, 1809~1865.

Man can believe the impossible, but can never believe
the improbable.
인간은 불가능한 것은 믿을 수 있어도, 그럴 듯하지 않은 것은 믿을 수 없다.

- 아일랜드 작가 오스카 와일드Oscar Wilde, 1854~1900.

It is easier to love humanity than to love one's neighbor.
이웃을 사랑하는 것보다는 인류를 사랑하는 게 더 쉬운 일이다.

- 미국 작가 에릭 호퍼Eric Hoffer, 1902~1983.

Anyone can hold the helm when the sea is calm.
바다가 평온할 땐 누구든 배의 키를 잡을 수 있다.

- 기원전 1세기 시리아 출신의 로마 작가인 푸빌리우스 사이러스Publilius Syrus.
  이 말에서 유래된 이런 속담도 있다. In a calm sea, every man is a pilot.(잔
  잔한 바다에선 누구나 항해 안내자가 될 수 있다.)

Bless those who curse you, pray for those who mistreat you.

너희를 저주하는 자를 위하여 축복하며 너희를 모욕하는 자를 위하여 기도하라.

- 신약성서 누가복음Luke 6장 28절.

_____

_____

_____

If you love those who love you, what credit is that to you? Even 'sinners' love those who love them.

너희가 만일 너희를 사랑하는 자를 사랑하면 칭찬받을 것이 무엇이뇨? 죄인들도 자신을 사랑하는 자를 사랑하느니라.

- 신약성서 누가복음Luke 6장 32절.

_____

_____

_____

_____

Small talk is an art.
가벼운 대화가 더 중요하다.

• 임귀열은 "날씨 얘기나 가벼운 얘기로 시작되는 small talk는 대화의 시작이자
기본이며 인간적 우애를 다지기에는 더없이 좋은 기회이고 수단이다"고 말한다.

I believe in grumbling; it is the politest form of fighting known.
나는 불평의 가치를 인정한다. 불평은 여태까지 알려진 것 중 가장 정중한
형태의 싸움이기 때문이다.

- 미국 작가 에드 호우Ed Howe, 1853~1937.

Cowards die many times before their death; the valiant never taste of death but once.
겁쟁이는 사망 이전에 여러 번 죽지만 용감한 사람은 딱 한 번 죽는다.

- 영국 극작가 윌리엄 셰익스피어William Shakespeare, 1564~1616.

There are several good protections against temptation, but the surest is cowardice.
유혹을 이겨내는 몇 가지 좋은 방법이 있지만, 가장 확실한 것은 비겁(소심)이다.

- 미국 작가 마크 트웨인Mark Twain, 1835~1910.

Don't change horses in the midstream.
강을 건널 땐 말을 갈아타지 말라.

Everyone thinks of changing the world, but no one thinks of changing himself.
모든 사람이 세상을 바꿀 생각을 하지만 자신을 바꾸려고 하진 않는다.

- 러시아 작가 레프 톨스토이Lev Tolstoy, 1828~1910.

Absence makes the heart grow fonder.
없으면 보고 싶어진다.

Out of sight, out of mind.
안 보면 멀어진다.

Long absent, soon forgotten.
오래 떠나 있으면 곧 잊혀진다.

The absent are always in the wrong.
자리에 없으면 나쁜 건 다 뒤집어 쓴다.

An angry man is again angry with himself when he
returns to reason.
분노한 사람은 이성을 되찾았을 때 자신에 대해 다시 한 번 분노한다.

- 기원전 1세기 시리아 출신의 로마 작가인 푸빌리우스 사이러스Publilius Syrus.

_____

_____

_____

_____

_____

Anger begins with folly, and ends with repentance.
분노는 어리석음으로 시작해서 후회로 끝난다.

- 영국 출판인 헨리 조지 본Henry George Bohn, 1796~1884.

_____

_____

_____

_____

_____

It is easier for a camel to go through the eye of a needle than for a rich man to enter the Kingdom of God.

낙타가 바늘귀로 들어가는 것이 부자가 하나님의 나라에 들어가는 것보다 쉬우니라.

- 신약성서 마태복음Matthew 19장 24절.

• 여기서 the eye of a needle은 진짜 바늘귀가 아니라 예루살렘 성벽에 난 보행자들을 위한 작은 문을 가리키는 별명이라는 설이 있다. 작은 낙타는 이 문을 다리를 구부려 힘들게 간신히 통과할 수 있지만, 큰 낙타는 통과할 수 없기 때문에 나온 말이라는 것이다.

He who talks much cannot talk well.

말을 많이 하는 사람치고 말을 잘 하는 사람은 없다.

Discontent is the first step in the progress of a man or a nation.

불만은 개인과 국가 발전의 첫 걸음이다.

- 아일랜드 작가 오스카 와일드Oscar Wilde, 1854~1900.

A best seller is a book which somehow sells well simply because it is selling well.

베스트셀러는 잘 팔리기 때문에 잘 팔리는 책이다.

- 미국 역사가 대니얼 부어스틴Daniel J. Boorstin, 1914~2004.

All crime is a kind of disease and should be treated as such.

모든 범죄는 일종의 병이므로 병처럼 다뤄야 한다.

- 인도 지도자 마하트마 간디Mahatma Gandhi, 1869~1948.

More haste, less speed.

급할수록 천천히.

Haste makes waste.

서두르면 일을 그르친다.

Success makes a fool seem wise.
성공은 바보를 현명하게 보이게 만든다.

Love is the delusion that one woman differs from another.
사랑이란 한 여자가 다른 여자와는 다르다고 보는 망상이다.

　　　　　　 - 미국 언론인 헨리 루이스 멩켄Henry Louis Mencken, 1880~1956.

It is much easier to be critical than to be correct.
정확하기보다는 비판적인 게 훨씬 쉽다.

　　　　　 - 영국 정치가이자 작가인 벤자민 디즈레일리Benjamin Disraeli, 1804~1881.

To avoid criticism do nothing, say nothing, be nothing.
비판을 피하고 싶으면 아무것도 하지 말고, 아무것도 말하지 말고, 아무것도
되지 말라.

- 미국 작가 앨버트 허바드Elbert Hubbard, 1856~1915.

Do not judge, or you too will be judged.
비판을 받지 아니하려거든 비판하지 말라.

- 신약성서 마태복음Matthew 7장 1절.

Death and taxes are inevitable.
죽음과 세금은 불가피하다.

- 영국의 정치가 토머스 핼리버튼Thomas C. Haliburton, 1796~1865.

Comment is free but facts are sacred.
의견은 자유지만 사실은 신성하다.

- 영국의 대표적인 진보지 『가디언』의 편집인 찰스 스콧Charles P. Scott, 1846~1932
  이 1821년에 창간된 『가디언』의 창간 100주년을 기념해 자유언론의 중요성을
  설파하면서 남긴 유명한 경구다.

Men are born with two eyes, but only one tongue, in
order that they should see twice as much as they say.
왜 사람의 눈은 둘이요 혀는 하나인가. 말하는 것의 두 배는 보아야 한다는
뜻이다.

– 영국 성직자 찰스 케일럽 콜튼Charles Caleb Colton, 1780~1832.

Business is like riding a bicycle--either you keep moving
or you fall down.
사업이란 자전거 타기와 같다. 계속 달리지 않으면 쓰러진다.

A friendship founded on business is better than a business founded on friendship.
사업하다 생긴 우정이 우정으로 하는 사업보다 낫다.

- 미국의 석유 재벌 존 록펠러John D. Rockefeller, 1839~1937.

I never wonder to see men wicked, but I often wonder to see them not ashamed.
나는 사람들이 악한 걸 보고선 놀라지 않지만 때로 그들이 부끄러워 하지 않는 걸 보고선 놀란다.

- 영국 작가 조나단 스위프트Jonathan Swift, 1667~1745.

Show me a thoroughly satisfied man and I will show you a failure.
완전히 만족하는 사람을 내게 보여주면, 나는 실패가 무엇인지 보여주마.

- 미국의 발명왕 토머스 에디슨Thomas A. Edison, 1847~1931.

When you have to make a choice and don't make it,
that in itself is a choice.
선택을 해야 할 때 아무런 선택도 하지 않는다 해도, 그것 역시 본질적으론
하나의 선택이다.

- 미국 철학자이자 심리학자인 윌리엄 제임스William James, 1842~1910.

Impetuosity and audacity often achieve what ordinary
means fail to attain.
성급과 대담은 때로 보통의 방법으론 이룰 수 없는 것을 성취하게 해준다.

- 이탈리아 정치가이자 사상가인 니콜로 마키아벨리Niccolò Machiavelli, 1469~1527.

Admiration is the daughter of ignorance.
숭배는 무지의 자식이다.

- 미국 정치가이자 발명가인 벤자민 프랭클린Benjamin Franklin, 1706~1790.

One can do many things with a sword, except sit on it.
갈로 많은 일을 할 수 있지만 그 위에 앉을 수는 없다.

- 프랑스 외교관 샤를 모리스 드 탈리랑-페리고르Charles Maurice de Talleyrand-Périgord, 1754~1838가 나폴레옹 보나파르트Napoleon Bonaparte, 1769~1821에게 한 말이다. 권력의 정당성을 상실한 채 반대 세력의 저항을 탄압하는 권력이 오래 지속될 수 없다는 걸 지적한 말이다.

By assuming that too-much is always better than not-enough, we pave the road to overcommunication.

우리는 늘 많아서 넘치는 것이 충분하지 않은 것보다는 낫다고 생각함으로써 과잉 커뮤니케이션으로 빠져 든다.

- 미국 역사가 대니얼 부어스틴Daniel J. Boorstin, 1914~2004.
● 그는 미국인들이 너무 쓸 데 없는 말을 많이 떠들고 있다고 비판했다.

_____

_____

_____

_____

Fools admire, but men of sense approve.

바보들은 숭배하고, 현명한 사람은 인정한다.

- 영국 시인 알렉산더 포프Alexander Pope, 1688~1744.

_____

_____

_____

_____

Admiration is a very short-lived passion, that immediately decays upon growing familiar with its object.

숭배는 숭배의 대상에 익숙해지는 순간 사라지는 하루살이 열정이다.

- 영국 작가 조지프 애디슨Joseph Addison, 1672~1719.

Winning isn't the most important thing, it's the only thing.

승리는 가장 중요한 것이 아니라 유일한 것이다.

- 미국의 미식축구 코치 조지 알렌George H. Allen, 1918~1990.

Troubles never come singly.

불운(불행)은 홀로 오는 법이 없다.

Little minds are tamed and subdued by misfortunes;
but great minds rise above them.
소인은 불운에 길들여지고 압도당하지만, 대인은 불운을 이겨낸다.

- 미국 작가 워싱턴 어빙Washington Irving, 1783~1859.

The gem cannot be polished without friction, nor
man perfected without trials.
보석은 마찰없이 빛날 수 없으며, 인간은 시련없이 성숙해질 수 없다.

If God did not exist it would be necessary to invent
Him.
만약 신神이 존재하지 않는다면 신을 발명하는 게 필요하리라.

- 프랑스 사상가 볼테르Voltaire, 1694~1778.

God is not a cosmic bell-boy for whom we can press a button to get things.

신神은 단추를 누르면 달려오는 우주의 벨보이(사환)가 아니다.

- 미국 목사 해리 에머슨 포스딕Harry Emerson Fosdick, 1878~1969.

Belief in a cruel God makes a cruel man.

잔인한 신에 대한 믿음이 잔인한 인간을 만든다.

- 미국의 혁명 이론가이자 작가인 토머스 페인Thomas Paine, 1737~1809.

Never trust a man who speaks well of everybody.

모든 사람에 대해 좋게 말하는 사람은 믿지 말라.

- 영국 문학비평가 존 처톤 콜린스John Churton Collins, 1848~1908.

You may be deceived if you trust too much, but you will live in torment if you don't trust enough.
너무 믿으면 속임을 당할 것이요, 충분히 믿지 않으면 근심하며 살아갈 것이다.

- 미국 성직자 프랭크 크레인Frank Crane, 1861~1928.

Discretion in speech is more than eloquence.

말할 때 신중한 것이 달변보다 낫다.

- 영국 철학자 프랜시스 베이컨Francis Bacon, 1561~1626.

Disappointment is often the salt of life.

실망은 자주 인생의 소금이다.

- 미국 종교개혁가 시어도어 파커Theodore Parker, 1810~1960.

I have never been hurt by anything I didn't say.

나는 내가 말한 적이 없는 어떤 것에 의해서도 상처받은 적이 없다.

- 미국 제30대 대통령 캘빈 쿨리지Calvin Coolidge, 1872~1933.
그는 말이 없는 걸로 유명했다.

Disappointment is the nurse of wisdom.

실망은 지혜의 유모다.

- 아일랜드 정치가 보일 로체Boyle Roche, 1736~1807.

Despair is the conclusion of fools.

절망은 바보들의 결론이다.

- 영국 정치가이자 작가인 벤자민 디즈레일리Benjamin Disraeli, 1804~1881.

To err is human, to forgive divine.

실수는 인간의 일, 용서는 신의 일이다.

- 영국 시인 알렉산더 포프Alexander Pope, 1688~1744.

Many a man never fails because he never tries.

시도하지 않으면 실패도 없다.

- 영국 공군 장성 노먼 맥 이완Norman MacEwan, 1881~1953.

It is easy to flatter; it is harder to praise.

아첨은 쉽지만 칭찬은 어렵다.

- 독일 소설가 장 폴 리히터Jean Paul Richter, 1763~1825.

Knavery and flattery are blood relations.

부정행위와 아첨은 혈연관계다.

- 미국 제16대 대통령 에이브러햄 링컨Abraham Lincoln, 1809~1865.

Patriotism is the last refuge of a scoundrel.

애국심은 악당의 최후의 도피처다.

- 영국 작가 새뮤얼 존슨Samuel Johnson, 1709~1784.

Ambition is the last refuge of failure.

야망은 실패의 최후의 도피처다.

- 아일랜드 작가 오스카 와일드Oscar Wilde, 1854~1900.

The press may not be successful much of the time in telling people what to think, but it is stunningly successful in telling its readers what to think about.

언론은 사람들에게 무엇을 생각하라고 말하는 데엔 별 영향을 미치지 못할지 모르지만, 무엇에 대해 생각하게끔 하는 데엔 놀라울 정도로 성공적이다.

– 미국 정치학자 버나드 코헨Bernard C. Cohen, 1926~.

Ask not what your country can do for you. Ask what you can do for your country.

국가가 당신을 위해 무엇을 해줄 것인가를 묻지 말고 당신이 국가를 위해 무엇을 할 수 있는가를 물어야 합니다.

– 미국 제35대 대통령 존 F. 케네디John F. Kennedy, 1917~1963.

Three hostile newspapers are more to be feared than a thousand bayonets.

3개의 적대적인 신문이 1천 명의 군대보다 더 무섭다.

– 루이 나폴레옹 보나파르트Louis Napoleon Bonaparte, 1769~1821.

The limits of my language are the limits of my world.
내 언어의 한계는 내 세계의 한계다.

- 오스트리아 출신 영국 철학자
루드비히 비트겐슈타인Ludwig Wittgenstein, 1889~1951.

History is little more than the register of the crimes,
follies and misfortunes of mankind.
역사란 인류의 범죄, 우행(어리석은 행위), 불행 등에 관한 기록에 지나지 않
는다.

- 영국 역사가 에드워드 기번Edward Gibbon, 1737~1794.

No man can be a hero to his valet.
곁에서 시중드는 하인에게 영웅일 수 있는 사람은 없다.

History is nothing but a pack of tricks that we play
upon the dead.
역사란 우리가 죽은 자를 이용해 벌이는 장난들을 모은 것에 지나지 않는다.

- 프랑스 사상가 볼테르Voltaire, 1694~1778.

Distance is a great promoter of admiration!
멀리 떨어져 있을 때에만 숭배할 수 있다!

- 프랑스 계몽주의 철학자 드니 디드로Denis Diderot, 1713~1784.

Self-trust is the essence of heroism.
자신自信은 영웅적 자질의 본질이다.

- 미국 철학자 랠프 왈도 에머슨Ralph Waldo Emerson, 1803~1882.

A hero is no braver than an ordinary man, but he is braver five minutes longer.

영웅은 보통사람보다 더 용감하진 않지만, 5분 더 길게 용감하다.

- 미국 철학자 랠프 왈도 에머슨Ralph Waldo Emerson, 1803~1882.

Hero worship is strongest where there is least regard for human freedom.

영웅 숭배는 자유에 대한 존중이 가장 낮은 곳에서 가장 강하다.

- 영국 사회학자 허버트 스펜서Herbert Spencer, 1820~1903.

We can't all be heroes because someone has to sit on the curb and clap as they go by.

우리는 모두 영웅이 될 수는 없다. 왜냐하면 누군가는 길가에 앉아 영웅이 지나갈 때 박수를 쳐줘야 하니까.

- 미국 코미디언 월 로저스Will Rogers, 1879~1935.

Every hero becomes at last a bore.

어떤 영웅이든 결국엔 지겨운 사람이 되고 만다.

- 미국 철학자 랠프 왈도 에머슨Ralph Waldo Emerson, 1803~1882.

Art is a form of catharsis.

예술은 카타르시스의 한 형식이다.

- 미국 비평가 도로시 파커Dorothy Parker, 1893~1967.

All art is a revolt against man's fate.

모든 예술은 인간의 운명에 대한 저항이다.

- 프랑스 소설가이자 정치가 앙드레 말로Andre Malraux, 1901~1976.

Nature is a revelation of God; art a revelation of man.

자연은 신의 계시啓示요, 예술은 인간의 게시다.

- 미국 시인 헨리 웨즈워스 롱펠로우Henry Wadsworth Longfellow, 1807~1882.

Desire is the essence of a man.

욕망은 인간의 본질이다.

- 네덜란드 철학자 바뤼흐 스피노자Baruch de Spinoza, 1632~1677.

All human activity is prompted by desire.

모든 인간 행동은 욕망에 의해 유발된다.

- 영국 철학자 버트란드 러셀Bertrand Russell, 1872~1970.

It is a miserable state of mind to have few things to desire, and many things to fear.

열망하는 게 적고 두려워하는 게 많은 건 비참한 정신 상태다.

- 영국 철학자 프랜시스 베이컨Francis Bacon, 1561~1626.

Courage is grace under pressure.

용기란 압박하의 품위다.

- 미국 작가 어니스트 헤밍웨이Ernest Hemingway, 1899~1961.

Courage without conscience is a wild beast.

양심 없는 용기는 야수와 같다.

- 미국 정치가 로버트 그린 잉거솔Robert Green Ingersoll, 1833~1899.

Courage is resistance to fear, mastery of fear—not absence of fear.
용기란 두려움의 부재가 아니라 두려움에 대한 저항이자 두려움의 정복이다.

- 미국 작가 마크 트웨인Mark Twain, 1835~1910.

No man in the world has more courage than the man who can stop after eating one peanut.
땅콩 한 알을 먹은 뒤 멈출 수 있는 사람보다 더 용기있는 사람은 없다.

- 미국 작가 채닝 폴록Channing Pollock, 1880~1946.

The people as a body are courageous, but individually they are cowardly and feeble.
한 집단으로서의 국민은 용감하나 개별적으로는 비겁하고 유약하다.

- 이탈리아 정치가이자 사상가인 니콜로 마키아벨리Niccolò Machiavelli, 1469~1527.

"I can forgive, but I cannot forget," is only another way of saying, "I will not forgive." Forgiveness ought to be like a cancelled note--torn in two, and burned up, so that it never can be shown against one.

"용서는 하지만 잊을 순 없다"는 말은 "용서하지 않겠다"는 말과 다를 바 없다. 용서는 취소된 어음과 같아야 한다. 찢겨져 불태워짐으로써 다시는 제시될 수 없게끔 말이다.

– 미국의 목사이자 노예폐지운동가였던
헨리 워드 비처Henry Ward Beecher, 1813~1887.

Forgive many things in others; nothing in yourself.
남들에겐 많은 용서를 베풀되, 당신 자신에겐 그러지 말라.

- 고대 로마 시인 아우소니우스Decimus Magnus Ausonius, 310~395.

Art is long, and Time is fleeting.
인생은 짧고 예술은 길다.

- 미국 시인 헨리 웨즈워스 롱펠로우Henry Wadsworth Longfellow, 1807~1882.

There is no revenge so complete as forgiveness.

용서만큼 철저한 복수는 없다.

- 미국의 유머리스트 헨리 휠러 쇼Henry Wheeler Shaw, 1818~1885.

The weak can never forgive. Forgiveness is the attribute of the strong.

약자는 용서할 수 없다. 용서는 강자의 것이다.

- 인도 지도자 마하트마 간디Mahatma Gandhi, 1869~1948.

Every man is the architect of his own fortune.

사람은 자기 운명의 개척자(건축가)다.

- 고대 로마의 역사가 살루스티우스Sallust, 86~34 B.C.

Lots of folks confuse bad management with destiny.
많은 사람이 나쁜 경영과 운명을 혼동한다.

- 미국 작가 킨 허바드Kin Hubbard, 1868~1930.

Destiny: A tyrant's authority for crime and a fool's excuse for failure.
운명은 범죄를 저지를 수 있는 폭군의 권한이며 실패를 정당화하는 바보의 변명이다.

- 미국 작가 앰브로스 비어스Ambrose Bierce, 1842~1914.

Men heap together the mistakes of their lives, and create a monster they call Destiny.
인간은 인생의 실수들을 모두 모아 쌓아 놓고선 그들이 운명이라 부르는 괴물을 창조한다.

- 미국 소설가 존 올리버 홉스John Oliver Hobbes, 1867~1906.

I do not believe in the word Fate. It is the refuge of every self-confessed failure.

나는 운명이란 말을 믿지 않는다. 그것은 모든 자인自認된 실패의 피난처다.

- 영국 소설가 앤드류 수타Andrew Soutar, 1879~1941.

A drowning man will catch at a straw.

물에 빠진 사람은 지푸라기라도 붙잡는다.

Every man alone is sincere; at the entrance of a second person hypocrisy begins.

누구든 혼자 있을 때엔 진실하다. 다른 사람이 들어설 때에 위선이 시작된다.

- 미국 철학자 랠프 왈도 에머슨Ralph Waldo Emerson, 1803~1882.

Where there is no religion, hypocrisy becomes good taste.

종교가 없는 곳에선 위선이 고상한 멋으로 통한다.

영국 작가 조지 버나드 쇼George Bernard Shaw, 1856~1950.

Perhaps the most significant moral characteristic of a nation is its hypocrisy.

국가의 가장 현저한 도덕적 특징은 아마도 위선일 것이다.

- 미국의 신학자이자 정치학자인 라인홀트 니버Reinhold Niebuhr, 1892~1971.

Dignity belongs to the conquered.

위엄은 승리자의 것이다.

- 미국 문학 이론가 케네스 버크Kenneth Burke, 1897~1993.

Dignity is a mask we wear to hide our ignorance.

위엄은 무지를 감추기 위해 쓰는 가면이다.

- 미국 작가 앨버트 허바드Elbert Hubbard, 1856~1915.

_____

_____

_____

_____

All celebrated people lose dignity on a close view.

모든 유명인은 근접 거리에선 위엄을 잃게 돼 있다.

- 루이 나폴레옹 보나파르트Louis Napoleon Bonaparte, 1769~1821.

_____

_____

_____

_____

The hero created himself; the celebrity is created by the media. The hero was a big man; the celebrity is a big name.

영웅은 자력으로 컸지만, 유명인사는 미디어에 의해 만들어진다. 영웅은 큰 인물이었지만, 유명인사는 큰 이름일 뿐이다.

– 미국 역사가 대니얼 부어스틴Daniel J. Boorstin, 1914~2004.

The celebrity is a tautology. We forget that celebrities
are known primarily for their well-knownness.
유명인사는 동어반복同語反覆이다. 우리는 유명인사들이 근본적으로 그들의
유명성 때문에 유명해졌다는 걸 망각한다.

- 미국 역사가 대니얼 부어스틴Daniel J. Boorstin, 1914~2004.

Hunger is the best sauce.
시장이 반찬이다.

There is no love sincerer than the love of food.
음식에 대한 사랑만큼 진실한 사랑은 없다.

- 영국 작가 조지 버나드 쇼George Bernard Shaw, 1856~1950.

Glutton is one who digs his grave with his teeth.

먹보는 치아로 자신의 무덤을 파는 사람이다.

One should eat to live, not live to eat.

사람은 살기 위해 먹어야지, 먹기 위해 살면 안 된다.

- 미국 정치가이자 발명가 벤자민 프랭클린Benjamin Franklin, 1706~1790.

Drunkenness is nothing else but a voluntary madness.

술에 취하는 건 자발적인 광기에 지나지 않는다.

- 고대 로마 철학자 세네카Seneca, 4 B.C.~A.D. 65.

Freedom rings where opinion clash.

의견이 충돌하는 곳에 자유가 울려 퍼진다.

- 미국 정치가 애들레이 스티븐슨Adlai E. Stevenson, 1900~1965.

Modest doubt is called the beacon of the wise.

조심스러운 의심은 지혜의 횃불이다.

- 영국 극작가 윌리엄 셰익스피어William Shakespeare, 1564~1616.

Men become civilized, not in proportion to their willingness to believe, but in proportion to their readiness to doubt.

인간은 믿음의 의지가 아니라 의심의 준비 정도에 따라 문명화된다.

- 미국 언론인 헨리 루이스 멩켄Henry Louis Mencken, 1880~1956.

Incredulity robs us of many pleasures, and gives us nothing in return.
의심 과잉은 많은 기쁨을 앗아가면서 돌려주는 건 아무것도 없다.

- 미국 시인 제임스 러셀 로웰James Russell Lowell, 1819~1891.

Incredulity is the wisdom of the fool.
의심 과잉은 바보의 지혜다.

- 미국 유머리스트 헨리 휠러 쇼Henry Wheeler Shaw, 1818~1885.

It is more blessed to give than to receive.
주는 것이 받는 것보다 복이 있느니라.

- 사도행전Acts of the Apostles 20장 35절.

He that will not reason is a bigot; he that cannot
reason is a fool; and he that dares not reason is a slave.
생각하지 않으려는 사람은 고집불통이고, 생각할 수 없는 사람은 바보고, 감
히 생각할 엄두를 내지 못하는 사람은 노예다.

- 스코틀랜드 시인 윌리엄 드러몬드William Drummond, 1585~1649.

Charity is a thing that begins at home, and usually stays there.

자비慈悲는 집에서 시작해 보통 집에만 머무르는 것이다.

– 미국 작가 앨버트 허바드Elbert Hubbard, 1856~1915.

Don't take up a man's time talking about the smartness of your children; he wants to talk to you about the smartness of his children.

남에게 자식 자랑을 삼가라. 그 사람도 자기 자식 자랑을 하려고 들테니 말이다.

– 미국 작가 에드 호우Ed Howe, 1853~1937.

The fundamental defect of fathers is that they want their children to be a credit to them.

아버지들의 근본적인 결함은 자식들이 그들에게 자랑거리가 되기를 원한다는 것이다.

- 영국 철학자 버트란드 러셀Bertrand Russell, 1872~1970.

Freedom is not worth having if it does not connote freedom to err.

만약 자유가 실수를 저지를 수 있는 자유를 내포하지 않는다면 가질 만한 가치가 없다.

- 인도 지도자 마하트마 간디Mahatma Gandhi, 1869~1948.

A hungry man is not a free man.

굶주린 사람은 자유인이 아니다.

- 미국 정치가 애들레이 스티븐슨Adlai E. Stevenson, 1900~1965.

Cruelty and fear shake hands together.

잔인과 공포는 동반자다.

- 프랑스 소설가 오노레 드 발자크Honore de Balzac, 1799~1850.

You needn't love your enemy, but if you refrain from telling lies about him, you are doing well enough.

적敵을 사랑할 필요는 없지만, 적에 대해 거짓말을 하는 걸 자제한다면 충분히 잘 하고 있는 것이다.

- 미국 작가 에드 호우Ed Howe, 1853~1937.

Nothing would more contribute to make a man wise than to have always an enemy in his view.

자신의 시야에 늘 적을 두고 있는 것 이상으로 사람을 현명하게 만드는 데에 기여할 수 있는 건 없다.

- 영국 정치가 조지 새빌George Savile, 1633~1695.

One of the ill effects of cruelty is that it makes the bystanders cruel.

잔인한 행위의 나쁜 효과 중의 하나는 구경꾼마저 잔인하게 만드는 것이다.

- 영국 정치가 파웰 벅스턴Fowell Buxton, 1786~1845.

War is the science of destruction.

전쟁은 파괴의 과학이다.

- 캐나다 정치가 존 애봇John Abbott, 1821~1893.

When war is declared, Truth is the first casualty.

전쟁의 최초 희생자는 진실이다.

- 영국 정치가 아서 폰손비Arthur Ponsonby, 1871~1946.

The next World War will be fought with stones.

다음 세계대전은 돌로 싸우게 될 것이다.

– 세계적인 물리학자 알베르트 아인슈타인Albert Einstein, 1879~1955.

● 핵전쟁으로 지구가 초토화돼 원시시대로 돌아가게 되리라는 뜻이다.

The tragedy of war is that it uses man's best to do man's worst.

전쟁의 비극은 전쟁이 인간의 최악을 저지르기 위해 인간의 최상을 사용한다는 점이다.

- 미국 목사 해리 에머슨 포스딕Harry Emerson Fosdick, 1878~1969.

Waste not, want not.

낭비하지 않으면 옹색할 것도 없다.

A penny saved is two pence got.
한 푼을 저축하면 두 푼을 번 것이다.

Beware little expenses; a small leak will sink a great ship.
푼돈을 쓰는 것에 조심하라. 작은 물 구멍이 큰 배를 침몰시키는 법이다.

– 미국 정치가이자 발명가 벤자민 프랭클린Benjamin Franklin, 1706~1790.

The only disadvantage of an honest heart is credulity.
정직한 사람의 유일한 불이익은 남을 쉽게 믿는 것이다.

– 영국 시인 필립 시드니Philip Sidney, 1554~1586.

If all mankind were suddenly to practice honesty,
many thousands of people would be sure to starve.
만약 모든 사람이 갑자기 정직해진다면, 굶어죽을 사람이 많을 것이다.

- 독일 물리학자 게오르크 크리스토프 리히텐베르크
Georg Christoph Lichtenberg, 1742~1799.

Politics is too serious a matter to be left to the
politicians.
정치는 너무도 중요해 정치인들에게만 맡겨둘 수 없다.

- 프랑스 정치가 샤를르 드골Charles De Gaulle, 1890~1970.

Politics is the conduct of public affairs for private
advantage.
정치는 사익私益을 위한 공공적 활동이다.

- 미국 작가 앰브로스 비어스Ambrose Bierce, 1842~1914.

A politician thinks of the next election; a statesman, of the next generation.

정치인은 다음 선거를 생각하지만, 정치가는 다음 세대를 생각한다.

- 미국의 신학자이자 작가 제임스 프리먼 클라크James Freeman Clarke, 1810~1888.

Politicians are the same all over. They promise to build a bridge even where there is no river.

정치인은 어느 나라에서건 똑같다. 그들은 강도 없는 곳에 다리를 놓아 주겠다고 약속하는 사람들이다.

- 소련 정치인 니키타 흐루시초프Nikita Khrushchev, 1894~1971.

Hatred is blind, as well as love.

증오는 사랑처럼 맹목적이다.

- 영국 역사가 토머스 풀러Thomas Fuller, 1608~1661.

One of the big problems in American politics is that people are far more afraid of being unpopular than being wrong.

미국정치의 가장 큰 문제 중의 하나는 사람들이 잘못 판단을 내리는 것보다는 인기가 없는 걸 훨씬 더 두려워하는 것이다.

– 미국 방송 언론인 토니 스노우Tony Snow, 1995~2008.

In politics, more than anywhere else, we have no possibility of distinguishing between being and appearance.

그 어떤 분야보다도 정치에서는 실재와 외양을 구별할 길이 없다.

- 미국 정치학자이자 철학자 한나 아렌트Hannah Arendt, 1906~1975.

A man who lives, not by what he loves but what he hates, is a sick man.

사랑하는 것이 아니라 증오하는 것에 의해 살아가는 사람은 병든 사람이다.

- 미국 시인 아치볼드 매클리시Archibald MacLeish, 1892~1982.

There is no faculty of the human soul so persistent and universal as that of hatred.

증오만큼 끈질기고 보편적인 정신력은 없다.

- 미국의 목사이자 노예폐지운동가였던 헨리 워드 비처
Henry Ward Beecher, 1813~1887.

Truth is a print ethic, not a standard for ethical behavior in electronic communication.

진실은 활자매체의 윤리이지 전자커뮤니케이션에 있어서 윤리적 행위의 기준은 아니다.

- 미국 미디어 이론가 토니 슈워츠Tony Schwartz, 1923~2008.

Hatred is self-punishment.

증오는 자기 형벌이다.

- 미국 신학자이자 작가 호세아 발루Hosea Ballou, 1771~1852.

Democratic societies tend to become more concerned with what people believe than with what is true.

민주사회는 무엇이 진실인가 하는 것보다는 사람들이 무엇을 믿느냐에 더 많은 관심을 갖는 경향이 있다.

- 미국 역사가 대니얼 부어스틴Daniel J. Boorstin, 1914~2004.

Where there is no difference, there is only indifference.

차이가 없는 곳엔 무관심만 있다.

- 미국 변호사 루이스 나이저Louis Nizer, 1902~1994.

The difference between the right word and the almost right word is the difference between lightning and the lightning bug.

옳은 단어와 거의 옳은 단어의 차이는 번개와 반딧불의 차이다.

- 미국 작가 마크 트웨인Mark Twain, 1835~1910.

I don't want to be a genius—I have enough problems just trying to be a man.

나는 천재가 되고 싶지 않다. 나는 보통사람이 되려고 하는 데에도 너무 많은 문제를 안고 있다.

- 프랑스 작가 알베르 카뮈Albert Camus, 1913~1960.

Genius is one per cent inspiration and ninety-nine per cent perspiration.

천재는 1퍼센트의 영감과 99퍼센트의 땀이다.

- 미국의 발명왕 토머스 에디슨Thomas A. Edison, 1847~1931.

No great genius is without an admixture of madness.

위대한 천재에겐 광기의 혼합이 있기 마련이다.

- 고대 그리스 철학자 아리스토텔레스Aristotle, 384~322 B.C.

Familiarity is a magician that is cruel to beauty but kind to ugliness.

친밀은 아름다움엔 잔인하지만 추함엔 친절한 마술사다.

- 영국 소설가 위다Ouida, 1839~1908.

Though familiarity may not breed contempt, it takes off the edge of admiration.

친밀이 경멸을 낳진 않을지라도 숭배는 멀어지게 만든다.

- 영국 문학평론가 윌리엄 해즐릿William Hazlitt, 1778~1830.

Better bend than break.

부러지는 것보다는 휘는 게 낫다.

Let us never negotiate out of fear. But let us never fear to negotiate.

두려움 때문에 협상하지는 맙시다. 그러나 협상하는 걸 두려워하지도 맙시다.

- 미국 제35대 대통령 존 F. 케네디John F. Kennedy, 1917~1963.

Clothes makes the man.

옷이 날개다.

• 같은 뜻의 속담으로 "Fine feathers make fine birds." "The taylor makes the man." "You are what you wear." 등이 있다.

People talk about the middle of the road as though it were unacceptable. Actually, all human problem, excepting morals, come into the gray areas. Things are not all black and white. There have to be compromises.

사람들은 중도를 용납할 수 없는 것처럼 말하지만, 도덕을 제외한 모든 인간 문제는 회색 영역에 속한다. 세상사란 흑백이 아니며, 타협이 있어야만 한다.

- 미국 제34대 대통령 드와이트 아이젠하워Dwight D. Eisenhower, 1890~1969.

What is defeat? Nothing but education, nothing but the first step to something better.
패배란 무엇인가? 교육일 뿐이다. 더 나은 것을 향한 첫 번째 단계일 뿐이다.

- 미국 노예폐지운동가 웬델 필립스Wendell Philips, 1811~1884.

Defeat is not the worst of failures. Not to have tried is the true failure.
패배는 최악의 실패는 아니다. 시도를 하지 않는 것이 진짜 실패다.

- 미국 문학비평가 조지 에드워드 우드베리George Edward Woodberry, 1855~1930.

Eat to please thyself, but dress to please others.
먹는 건 당신을 즐겁게 하기 위한 것이지만, 입는 건 남을 즐겁게 하기 위한 것이다.

- 미국 정치가이자 발명가 벤자민 프랭클린Benjamin Franklin, 1706~1790.

All human beings are born free and equal in dignity
and rights.
모든 인간은 자유롭게 태어났으며 존엄과 권리에서 평등하다.

– 유엔 인권선언 제1조U.N. Declaration of Human Rights, Art.1.

Complete equality means universal irresponsibility.
완전한 평등은 모두의 무책임을 의미한다.

– 영국 시인 T. S. 엘리어트T. S. Eliot, 1888~1965.

The only real equality is in the cemetery.
유일한 진짜 평등은 묘지에 있다.

I disapprove of what you say, but will defend to the death your right to say it.

나는 당신이 말하는 것에 동의하지 않지만 그걸 말할 수 있는 당신의 권리는 목숨을 걸고 옹호하련다.

- 프랑스 사상가 볼테르Voltaire, 1694~1778.

Think like a man of action and act like a man of thought.

행동하는 사람처럼 생각하고 생각하는 사람처럼 행동하라.

- 프랑스 철학자 앙리 베르그송Henri Bergson, 1859~1941.

It is by acts and not by ideas that people live.

인간의 삶은 생각이 아닌 행동에 의해 이루어진다.

- 프랑스 시인 아나톨 프랑스Anatole France, 1844~1924.

You can't cross the sea merely by standing and staring at the water. Don't let yourself indulge in vain wishes.

단지 물가에 서서 바라보는 것만으론 바다를 건널 수 없다. 헛된 소망에 탐닉하지 말라.

- 인도 시인 라빈드라나트 타고르Rabindranath Tagore, 1861~1941.

It is human nature to think wisely and act foolishly.

현명하게 생각하고 어리석게 행동하는 것은 인간 본성이다

- 프랑스 시인 아나톨 프랑스Anatole France, 1844~1924.

Age will tell.

나이는 못 속인다.

The foolish man seeks happiness in the distance, the wise grows it under his feet.

어리석은 사람은 행복을 먼 데서 찾는다. 현명한 사람은 행복을 자신의 발 밑에서 키운다.

- 미국 작가 제임스 오펜하임James Oppenheim, 1882~1932.

Happiness consists in contentment.

행복은 족함을 아는 데에 있다.

Happiness is a way station between too much and too little.

행복은 과잉도 과소도 아닌 절제에 있다.

- 미국 작가 채닝 폴록Channing Pollock, 1880~1946.

No man is happy without a delusion of some kind.
Delusions are as necessary to our happiness as realities.
어느 정도의 환상이 없이는 행복할 수 없다. 환상은 현실 못지 않게 우리 행
복에 필요하다.

  - 미국 작가 크리스티앙 네스텔 보비Christian Nestell Bovee, 1820~1904.

While I breathe, I hope.
숨을 쉬는 동안엔 희망이 있다.

- 미국 사우스 캐롤라이나주의 슬로건.

_____

_____

_____

_____

_____

one can kill hope.
죽음만이 희망을 죽일 수 있다.

_____

_____

_____

_____

Tomorrow is another day.
내일은 오늘이 아니다(내일엔 내일의 태양이 뜬다).

Hope for the best, but prepare for the worst.
최상을 희망하되, 최악을 대비하라.

In all things it is better to hope than to despair.
무슨 일에서든 좌절하는 것보다는 희망을 갖는 게 더 낫다.

- 독일 작가 요한 볼프강 폰 괴테Johann Wolfgang von Goethe, 1749~1832.

Hope is the parent of faith.
희망은 믿음의 부모다.

- 미국 목사이자 작가 사이러스 바르톨Cyrus A. Bartol, 1813~1900.

When all else is lost, the future still remains.
모든 걸 다 잃었을지라도 미래는 여전히 남아 있다.

- 미국 작가 크리스티앙 네스텔 보비Christian Nestell Bovee, 1820~1904.

The man who lives only by hope will die with despair.
오직 희망만으로 살아가는 사람은 절망하면서 죽을 것이다.

Much of the wisdom of one age, is the folly of the
next.
한 시대에 지혜로 여겨지던 것 중 많은 것이 다음 시대엔 어리석은 생각이
된다.

Old age comes on apace.
나이가 드는 것은 금방이다.

Ill news runs apace.
나쁜 뉴스가 빨리 퍼진다.

A radical is a man with both feet firmly planted in the air.
급진주의자는 두 발을 허공에 굳게 딛고 있는 사람이다.

- 미국 제32대 대통령 프랭클린 루스벨트Franklin Delano Roosevelt, 1882~1945.

Age before beauty.
미인보다 노인이 우선.

• After you처럼 출입문에서 양보할 때에 쓰는 말이다. 처음엔 젊은 여자가 노인에게 쓰던 말이었지만, 오늘날엔 다소 농담 비슷하게 비꼬는 의미로 사용된다.

What's in a name? That which we call a rose by any other name would smell as sweet.

이름이란 게 무슨 소용인가? 장미꽃은 다른 이름으로 불리워져도 똑같이 향기로울 게 아닌가.

• 영국 극작가 윌리엄 셰익스피어William Shakespeare, 1564~1616의 『로미오와 쥴리엣Romeo and Juliet』에서 쥴리엣이 원수 지간인 두 가문의 성family name은 자신들의 사랑과는 아무런 관계가 없다며 한 말이다.

A man alone is in bad company.

홀로 있는 사람은 나쁜 동료를 둔 것이다.

- 프랑스 시인 폴 발레리Paul Valéry, 1871~1945.

Art produces ugly things which frequently become beautiful with time.

예술이 만드는 추한 것들은 대개 시간이 흐르면서 아름다워진다.

- 프랑스 극작가 장 꼭또Jean Cocteau, 1889~1963.

Some persons do first, think afterward, and then repent forever.

어떤 사람들은 일부터 저지르고 생각은 나중에 함으로써 평생 후회한다.

- 영국 캔터베리 대주교Archbishop of Canterbury
토머스 새커Thomas Secker, 1693~1768.

Get the government off our backs.
정부는 간섭을 줄여야 한다.

- 1980년 미국 대선에서 공화당 후보
로날드 레이건Ronald Reagan, 1911~2004의 선거 구호.

The ballot is stronger than the bullet.
투표는 총알보다 강하다.

- 미국 제16대 대통령 에이브러햄 링컨Abraham Lincoln, 1809~1865.

Anyone who keeps the ability to see beauty never grows old.
아름다움을 볼 수 있는 능력을 잃지 않는 사람은 늙지 않는다.

- 체코 소설가 프란츠 카프카Franz Kafka, 1883~1924.

Healthy optimism means being in touch with reality. It certainly doesn't mean being Pollyannaish and thinking everything is great and wonderful.

건강한 낙관주의란 현실과의 끈을 놓지 않는 걸 의미한다. 그것은 지나치게 낙천적이거나 모든 것이 위대하고 훌륭하다고 생각하는 걸 의미하는 게 아니다.

– 미국 심리학자 탈 벤샤하Tal Ben-Shahar, 1970~.

I am neither an optimist nor pessimist, but a possibilist.
나는 낙관주의자도 비관주의자도 아닌 '가능주의자' 다.

- 미국 저널리스트이자 사회학자인 막스 러너Max Lerner, 1902~1992.

_____

_____

_____

_____

The pessimist complains about the wind; the optimist
expects it to change; the realist adjust the sails.
비관주의자는 바람에 대해 불평하고 낙관주의자는 풍향이 바뀌기를 기대하
지만 현실주의자는 돛을 조정한다.

- 미국 작가 윌리엄 아서 워드William Arthur Ward, 1921~1994.

_____

_____

_____

_____

No bird soars too high, if he soars with his own wings.

새가 자기의 날개로만 난다면 너무 높게 날아 문제될 일은 없다.

- 영국 시인 윌리엄 블레이크William Blake, 1757~1827.

Count your blessings, name them one by one.

당신이 누리는 축복을 세 보고 하나씩 말해 보세요.

- 찬송 작가 존슨 오트만Johnson Oatman, Jr., 1856~1922이
1897년에 만든 찬송가 〈Count Your Blessings〉

There's none so blind as those who will not see.

보지 않으려는 사람처럼 눈먼 사람도 없다.

There's none so deaf as those who will not hear.
들으려 하지 않는 사람처럼 귀가 먼 사람도 없다.

Blood is thicker than water.
피는 물보다 진하다.

Oh, when times get rough, And friends just can't be found, Like a bridge over troubled water, I will lay me down.
오, 어려움 다가올 때, 그리고 친구를 찾지 못할 때, 거치른 물 위에 다리가 되듯이, 내가 누워 다리가 되어 드리죠.

- Simon & Garfunkel의 1970년 명곡
〈Bridge Over Troubled Water(거친 물 위의 다리)〉

I have nothing to offer but blood, toil, tears and sweat.

내가 국민에게 드릴 수 있는 것은 피와 노고와 눈물과 땀밖에 없습니다.

> – 영국 정치가 윈스턴 처칠Winston Churchill, 1874~1965. 독일군이 파리를 향해
> 파죽지세로 돌격하던 1940년 5월 13일이 총리 취임 연설에서 한 말이다.

Bread is better than the song of the birds.

금강산도 식후경.

I can't resist your charms. I'll be a fool, for you.

나는 당신의 매력을 거부할 수 없어요. 나는 당신을 위해 바보가 될 거에요.

> – 다이아나 로스Diana Ross와 라이오넬 리치Lionel Richie의
> 1981년 히트곡 〈영원한 사랑Endless Love〉

Half a loaf is better than no bread.
모자라도 없는 것보다는 낫다.

Happiness is the smell of bread baking.
행복은 빵 굽는 냄새다.

There is nothing new under the sun.
태양 아래 새로운 것은 없다.

- 구약성서 전도서Ecclesiastes 1장 9절.

• 다음과 같은 용법이 가능하겠다. This expensive pasta is really just macaroni. There's nothing new under the sun.(이 비싼 파스타는 단지 마카로니일 뿐이야. 태양 아래 새로운 것은 없는 법이지.)

The pen is mightier than the sword.
펜은 칼보다 강하다.

- 펜과 칼은 둘 다 얇고, 끝이 날카롭고, 손으로 다룬다는 공통점에 주목해, 1600년 대부터 쓰인 말이다.

_____

_____

_____

_____

People are lonely because they build walls instead of bridges.
사람들은 다리 대신 벽을 세우기 때문에 외롭다.

- 미국 침례교 목사 조지프 뉴턴Joseph F. Newton, 1880~1950.

_____

_____

_____

_____

_____

Solitude either develops the mental power, or renders
men dull and vicious.
고독은 정신력을 발전시킬 수도 있지만, 사람을 우둔하고 고약하게 만들 수
도 있다.

- 프랑스 작가 빅토르 위고Victor Hugo, 1802~1885.

Bridges can be built across the chasm of ideology.

이데올로기의 깊은 구렁 위에도 다리들은 건설될 수 있다.

- 미국 정치가 J. 윌리엄 풀브라이트J. William Fulbright, 1905~1995.
● 그는 대화를 기반으로 하는 국제주의 노선을 추구했던 민주당 상원의원이었다.

When you're weary, feeling small, When tears are in your eyes, I will dry them all. I'm on your side.

당신이 약해지고, 초라하게 느껴질 때, 당신의 눈에 눈물이 고일 때, 내가 당신의 눈물을 모두 닦아 줄께요. 나는 당신의 편이에요.

- Simon & Garfunkel의 1970년 명곡
〈Bridge Over Troubled Water(거친 물 위의 다리)〉

A good neighbor is better than a brother far off.

가까운 이웃이 먼 일가보다 낫다.

The Buck Stops Here.
내가 모든 책임을 지고 결정한다.

• 미국 제33대 대통령 해리 트루먼Harry S. Truman, 1884~1972이 백악관 집무실 책상 위의 명패에 새겨두고 좌우명으로 삼은 말이다. 원래 포커게임에서 공정하게 딜러의 순번을 결정하기 위해 사용한 'buckhorn knife'에서 나온 말이다. 손잡이가 사슴뿔로 된 칼을 다음 딜러에게 넘겨주는 것passing the buck이 곧 '책임과 의무를 전가한다'는 관용어로 굳어졌다는 것이다.

The President can't pass the buck to anybody. No one else can do the deciding for him. That's his job.
대통령은 그 누구에게도 책임을 전가할 수 없다. 그 누구도 대통령의 결정을 대신해줄 수는 없다. 결정은 온전히 대통령의 몫이다.

- 미국 제33대 대통령 해리 트루먼Harry S. Truman, 1884~1972이
대통령 이임식 연설에서 한 말이다.

An optimist sees an opportunity in every calamity; a pessimist sees a calamity in every opportunity.

낙관주의자는 모든 재난에서 기회를 찾지만, 비관주의자는 모든 기회에서 재난을 찾는다.

– 영국 정치가 윈스턴 처칠Winston Churchill, 1874~1965.

If any one of you is without sin, let him be the first to throw a stone at her.

너희 중에 죄 없는 자가 먼저 그녀를 돌로 치라.

– 신약성서 요한복음John 8장 7절.

• cast the first stone은 "먼저 돌을 던지다, 먼저 비난하다"는 뜻의 숙어로 쓰이고 있다.

Do not accustom yourself to consider debt only as an inconvenience; you will find it a calamity.

빚을 단지 불편함 정도로 생각하는 버릇을 갖지 말라. 빚은 언젠간 재앙이 될 것이다.

– 영국 작가 새뮤얼 존슨Samuel Johnson, 1709~1784.

The liberty of the press is a blessing when we are inclined to write against others, and a calamity when we find ourselves overborne by the multitude of our assailants.
언론자유는 우리가 다른 사람들을 비판하고자 할 때엔 축복이지만, 우리 자신이 수많은 공격자에 의해 압박당할 때엔 재앙이다.

– 영국 작가 새뮤얼 존슨Samuel Johnson, 1709~1784.

Better to light a candle than to curse the darkness.
어둠을 저주하는 것보다는 촛불을 밝히는 게 낫다.

Don't wish for it, work for it!
바라지만 말고 뛰어들라!

Thousands of candles can be lighted from a single candle, and the life of the candle will not be shortened. Happiness never decreases by being shared.

초 하나로 수천 개의 초에 불을 붙일 수 있지만, 그렇다고 해서 그 초의 수명이 짧아지는 건 아니다. 행복도 나눈다고 해서 줄어드는 게 아니다.

– 석가모니Gautama Buddha, 기원전 6~5세기.

Mind your own business.

네 일이나 신경 써라.

A cat may look at a king.

누구든 보는 건 자유다(누구든 나름의 권리는 있다).

Black cat, white cat. It doesn't matter. All that matters
is that it catches mice.
검은 고양이든 흰 고양이든 상관없다. 중요한 건 쥐를 잡는 일이다.

- 중국 정치가 덩샤오핑Deng Xiaoping, 1904~1997.

• 1979년 미국을 방문한 후 개혁개방 정책을 내세우면서 한 말이다. 이념에 구애
받지 않는 경제적 실용주의로, 일명 흑묘백묘론黑猫白猫論이라고 한다.

Curiosity killed a cat.
지나친 호기심은 위험하다.

I don't believe in a law to prevent a man from getting rich. But we do wish to allow the humblest man an equal chance to get rich with everybody else.
누구든 부유해지는 걸 막는 법은 있을 수 없지만, 우리는 가장 비천한 사람에게도 부유해질 수 있는 평등한 기회가 허용되는 세상을 원한다.

- 미국 제16대 대통령 에이브러햄 링컨Abraham Lincoln, 1809~1865.

Can the leopard change his spots?

표범이 그 반점을 바꿀 수 있느뇨? 성격은 바뀌지 않는다.

- 구약성서 예레미야Jeremiah 13장 23절.

Man's character is his fate.

성격은 운명이다.

- 고대 그리스 철학자 헤라클리투스Heraclitus, 540~470 B.C.

This nation should provide an open field and a fair chance so that all can compete in the race of life.

미국은 모든 사람이 공정한 경쟁을 벌일 수 있도록 열린 공간과 균등한 기회를 제공해야 한다.

- 미국 제16대 대통령 에이브러햄 링컨Abraham Lincoln, 1809~1865.

Weakness of character is the only defect which cannot be amended.
성격의 약점은 개선될 수 없는 유일한 결함이다.

- 17세기 프랑스 작가로 풍자와 역설의 잠언으로 유명한
라 로슈푸코François de La Rochefoucauld, 1613~1680.

Adversity reveals and shapes character.
역경은 성격을 드러내게 하고 형성한다.

When wealth is lost, nothing is lost; when health is lost, something is lost; when character is lost, all is lost.
재산을 잃으면 잃은 게 없고, 건강을 잃으면 약간 잃고, 인격을 잃으면 모든 걸 잃는다.

Keep quiet and people will think you a philosopher.
침묵하라. 그러면 사람들은 당신을 철학자로 생각할 것이다.

It is not true that suffering ennobles the character;
happiness does that sometimes, but suffering, for the
most part, makes men petty and vindictive.
고난이 인격을 고상하게 만든다는 것은 사실이 아니다. 행복이 가끔 그렇긴
하지만, 고난은 대체적으로 사람을 편협하고 원한을 갖게 만든다.

- 영국 작가 W. 서머셋 모엄W. Somerset Maugham, 1874~1965.

Ability get you to the top, but it takes character to
keep you there.
능력으로 정상에 오를 수 있지만, 정상에 머무르게 만드는 건 성격(기질)이다.

- 미국 농구 선수이자 코치인 존 로버트 우든John Robert Wooden, 1910~2010.

A man never discloses his own character so clearly as when he describes another's.

남의 인격에 대해 말할 때에 말하는 사람의 인격이 가장 잘 드러난다.

- 독일 작가 장 폴 프리드리히 리흐터Jean Paul Friedrich Richter, 1763~1825.

Speak softly and carry a big stick; you will go far.

말은 부드럽게 하되 방망이를 갖고 다녀라. 그러면 성공할 것이다.

• 1901년에서 1909년까지 미국 제26대 대통령을 지낸 시어도어 루스벨트 Theodore Roosevelt, 1858~1919. 1901년 9월 2일 미네소타 연설에서 한 말이다. 루스벨트는 옛 서부 아프리카 속담이라는 이 말을 즐겨 썼으며, 국내외 정책에서 그대로 실천에 옮겼다. big stick은 "(정치 또는 경제적인) 압력, 무력, 힘의 과시", wield(carry) a big stick over는 "-에게 심하게 힘(완력)을 휘두르다"는 뜻으로 쓰이고 있다.

Speech is silver, but silence is golden.

웅변은 은이요, 침묵은 금이다.

Stones will cry out.

돌들이 소리지르리라(나쁜 짓은 드러난다).

– 신약성서 누가복음Luke 19장 40절.

- 원문은 다음과 같다. "I tell you," he replied, "if they keep quiet, the stones will cry out."(대답하여 가라사대 "내가 너희에게 말하노니 만일 이 사람들이 잠잠하면 돌들이 소리지르리라" 하시니라.)

Leadership is a potent combination of strategy and character. But if you must be without one, be without the strategy.

리더십은 전략과 기질의 강력한 결합이다. 그러나 굳이 둘 중 하나를 택하라면, 전략보다는 기질이 더 중요하다.

– 1991년 걸프전쟁 때 미군 총사령관 노먼 슈워츠코프Norman Schwarzkopf, 1934~.

There is a time to speak and a time to be silent.

말해야 할 때가 있고 침묵해야 할 때가 있는 법이다.

Don't count your chickens before they are hatched.
떡 주기 전에 김칫국부터 마시지 말라.

_____

_____

_____

_____

There are moments in our history when we have to
make a fundamental choice.
역사엔 근본적인 선택을 해야 할 순간들이 있는 법이다.

- 1979~1990년 영국 수상을 지낸 '철의 여인'
마거릿 대처Margaret Thatcher, 1925~2013.

_____

_____

_____

_____

_____

You can't make someone else's choices. You shouldn't let someone else make yours.

다른 사람의 선택을 대신 해줄 수 없듯이 다른 사람이 당신 대신 선택을 하게 해선 안 된다.

- 미국 최초의 흑인 국무장관 콜린 파월Colin Powell, 1937~2021.

One cannot put back the clock.
시간을 되돌릴 순 없다.

The spirit is willing but the flesh is weak.
할 마음은 있지만 추진할 의지력이나 힘이 없다.

- 신약성서 마태복음Matthew 26장 41절.
• Watch and pray so that you will not fall into temptation. The spirit is willing, but the flesh is weak.(시험에 들지 않게 깨어 있어 기도하라. 마음에는 원이로되 육신이 약하도다.)

Every cloud has a silver lining.
어떤 구름이라도 그 뒤쪽은 은빛으로 빛난다(괴로움이 있는 반면에는 즐거움이 있다).

- 영국 작가 존 밀턴John Milton, 1608~1674이
『코머스Comus』(1634)에서 처음 쓴 표현이다.

If consumption represents the psychological competition for status, then one can say that bourgeois society is the institutionalization of envy.

소비가 지위를 위한 심리적 경쟁을 나타내는 것이라면, 부르주아 사회는 질투의 제도화라고 말할 수 있다.

- 미국 사회학자 다니엘 벨Daniel Bell, 1919~2011.

The consumer isn't a moron; she is your wife.

소비자는 바보가 아니라 당신의 부인이다.

- 영국 출신의 미국 광고인 데이비드 오길비David Ogilvy, 1911~1999가 광고인이 가져야 할 자세라며 한 말이다.

Ruminating about the darker side of life can fuel depression.

삶의 어두운 면을 깊이 생각하는 것은 우울증을 부채질할 수도 있다.

- 미국 심리학자 수잔 놀렌 혹스마Susan Nolen Hoeksema, 1959~2013.

You'd better be careful what you say when you're angry. Chickens come home to roost.
화가 났을 때 말을 조심해야 한다. 저주는 자신에게 돌아오는 법이니까.

Rome was not built in a day.
로마는 하루 아침에 이루어진 것이 아니다.

Over my dead body!
내 눈에 흙이 들어가기 전에는 절대 안 된다!

Never confuse a single defeat with a final defeat.
한 번의 패배를 최후의 패배와 혼동하지 말라.

- 미국 작가 F. 스콧 피츠제럴드F. Scott Fitzgerald, 1896~1940.

It is harder to live than to die.
죽는 것보다는 사는 게 더 어렵다.

The last drop makes the cup run over.
마지막 한 방울의 물이 잔을 넘치게 만든다.

A man's dying is more the survivors affair than his own.
사람의 죽음은 자신의 것이라기 보다는 남은 자들의 일이 된다.

– 독일 작가 토마스 만Thomas Mann, 1875~1955.

A single death is a tragedy; a million deaths is a statistic.
한 사람의 죽음은 비극이지만, 백만 명의 죽음은 통계다.

– 소련 독재자 이오시프 스탈린Joseph Stalin, 1879~1953.

Blessed are the poor in spirit.
마음이 가난한 자는 복이 있나니.

– 신약성서 마태복음Matthew 5장 3절.

It's the last straw that breaks the camel's back.
한도를 넘어서면 지푸라기 하나를 더 얹어도 낙타의 등골이 부러진다.

• the last(final) straw는 "최후의 일격, 참을 수 없게 되는 마지막(한도), 인내 의 한계를 넘게 하는 것"을 뜻하는데, 다음과 같이 표현하기도 한다. The last straw breaks the camel's back. That last mistake was the straw that broke the camel's back.

All our final decisions are made in a state of mind that is not going to last.
우리의 모든 최종 결정은 영속되지 않을 마음 상태에서 이루어진다.

– 프랑스 소설가 마르셀 프루스트Marcel Proust, 1871~1922.

The cheerful loser is the winner.
유쾌한 패배자는 승자다(선뜻 패배를 인정하는 자는 승자다).

– 미국 작가 앨버트 허바드Elbert Hubbard, 1856~1915.

An angel is borrowing, a devil is repaying.
돈 꿀 때 다르고 돈 갚을 때 다르다(뒷간 들어갈 때와 나올 때가 다르다).

Danger past, God forgotten.
위험이 지나가면 하나님을 잊는다.

Once a shore, we pray no more.
무사히 육지에 상륙하면 더 이상 기도하지 않는다.

There is a mysterious cycle in human events. To some generations much is given. Of other generations much is expected. This generation of Americans has a rendezvous with destiny.

인간사엔 신비로운 사이클이 있습니다. 어떤 세대에겐 많은 것이 주어지고, 또 어떤 세대에겐 많은 것이 요구됩니다. 현 세대의 미국인은 위대해질 운명을 타고 났습니다.

• 미국 제32대 대통령 프랭클린 루스벨트Franklin Delano Roosevelt, 1882~1945가 1936년 민주당 전당대회에서 한 말이다. rendezvous는 프랑스어로 "(특정한 장소 때에) 만날 약속, 회합(장소), (군대 함선의) 지정 결집지, 우주선의 궤도 회합" 이란 뜻이다.

Better the devil you know than the devil you don't know.
귀신도 아는 귀신이 낫다.

Talk(Speak) of the devil, and he is sure to appear.
호랑이도 제 말 하면 나타난다.

The devil is not so black as he is painted.

악마는 알려진 것만큼 검지는 않다.

Give the devil his due.

인정할 건 인정하자.

- give a person his due는 "~를 정당(공평)하게 대우하다, 미운 놈이라도 인정할 것은 인정하다"는 뜻이다.

The devil sometimes speaks the truth.

악마도 때론 진실을 말한다.

Old habits die hard.
오랜 습관은 고치기 힘들다(오랜 버릇은 바꾸기 어렵다).

• die hard는 "여간해서 죽지 않다, (습관, 신앙 따위가) 좀처럼 사라지지 않는다"는 뜻이다. die-hard는 "끝까지 버티는, 완고한", die-hardism은 "완고한 보수주의", diehard는 "완강한 저항자, 완고한 보수파 정치가"를 뜻한다.

Never say die!
죽는 소리 마라(비관하지 마라, 힘을 내라).

If a house is divided against itself, that house cannot stand.
만일 집이 스스로 분열하면 그 집이 설 수 없다.

- 신약성서 마가복음Mark 3장 25절.

• be divided against itself는 "(단체 등에) 내분이 있다"는 뜻이다.

Any kingdom divided against itself will be ruined,
and a house divided against itself will fall.
스스로 분쟁하는 나라마다 황폐해지며 스스로 분쟁하는 집은 무너지느니라.

- 신약성서 누가복음Luke 11장 17절.

United we stand, divided we fall.
뭉치면 살고 흩어지면 죽는다.

Everything I do, I do it for you.
내가 하는 모든 일은 당신을 위한 것이에요.

- 캐나다 출신의 팝가수 브라이언 애덤스Bryan Adams, 1959~의 히트곡으로
케빈 코스트너 주연의 〈로빈훗〉(1991) 주제가이기도 하다.

Do to others what you would have them to do you.
남에게 대접을 받고자 하는 대로 너희도 남을 대접하라.

– 신약성서 마태복음Matthew 7장 12절.

Easier said than done.
말하기는 쉬워도 행하기는 어렵다(말이야 쉽지).

Doing is better than saying.
실천이 말보다 낫다.

The greatest talkers are the least doers.

말이 많을수록 실천은 부실하다.

There is great difference between word and deed.

말과 실천 사이엔 큰 차이가 있다.

Deeds are fruits, words are but leaves.

실천은 열매요, 말은 나뭇잎에 불과하다.

It is not what you say or hope, wish or intend, but only what you do that counts.

중요한 것은 당신이 말하거나 희망하는 것, 원하거나 의도하는 것이 아니라 당신이 실천하는 것이다.

- 캐나다 출신의 미국 자기계발 작가 브라이언 트레이시Brian Tracy, 1944~.

Rotten apple spoils the barrel.

나쁜 사람 하나가 전체 그룹을 망친다.

Skepticism is the chastity of the intellect.

회의懷疑는 지식인의 정조(순결)다.

- 스페인 출신의 철학자 조지 산타야나George Santayana, 1863~1952.

If a man will begin with certainties, he shall end in doubt; but if he will be content to begin with doubts he shall end in certainties.

확신을 가지고 시작하는 사람은 회의로 끝나고 흔쾌히 의심하면서 시작하는 사람은 확신을 얻으며 끝낸다.

– 영국 철학자 프랜시스 베이컨Francis Bacon, 1561~1626.

Freedom is only good as a means; it is no end in itself.
자유는 수단으로서만 좋을 뿐 그 자체가 목적은 아니다.

- 미국 작가 허먼 멜빌Herman Melville, 1819~1891.

_____

_____

_____

_____

_____

Doubt is the key of knowledge.
의심은 지식의 열쇠다.

_____

_____

_____

_____

_____

Doubt is the beginning, not the end, of wisdom.
의심은 지혜의 시작이지 끝이 아니다.

The more one knows, the less one believes.
많이 알수록 믿음이 적어진다.

He that nothing questions, nothing learns.
의심하지 않는 자는 배움이 없다.

Bacchus has drowned more men than Neptune.

그리스 신화에 나오는 Wine의 신 Bacchus가 바다의 신 Neptune 보다 인간을 더 많이 익사시켰다.

• 바다에 빠지는 것보다 취중 언행이 더 큰 해를 불러온다는 사실을 은유적으로 나타낸 것이다.

First you take a drink, then the drink takes a drink, then the drink takes you.

처음에는 사람이 술을 마시고, 다음에는 술이 술을 마시고, 다음에는 술이 사람을 마신다.

– 미국 작가 F. 스콧 피츠제럴드F. Scott Fitzgerald, 1896~1940.

Truth is(lies) at the bottom of the decanter.

술 취하면 본심을 말하는 법이다.

• decanter는 식탁용의 마개 있는 유리병으로 술병을 뜻한다.

The U.S. is, by far, the most 'criminal' country in the world, with 5% of the world's population and 25% of its prisoners.

미국은 단연 세계 최고의 '범죄' 국가다. 세계 인구의 5퍼센트를 차지하고 있으면서도 죄수의 25퍼센트를 점하고 있지 않은가.

- 교도소 개혁을 부르짖는 미국 상원의원 짐 웹Jim Webb, 1946~.

You cannot make an omelette without breaking eggs.

계란을 깨지 않고는 오믈렛을 만들 수 없다(희생 없이는 목적을 달성할 수 없다).

Friends, Romans, countrymen, lend me your ears.

친구들이여, 로마인들이여, 동포여, 귀를 기울여 주시기 바랍니다.

• 윌리엄 셰익스피어William Shakespeare, 1564~1616의 『줄리어스 시저Julius Caesar』에서 마르쿠스 안토니우스Marcus Antonius, 83~30 BC가 로마 시민들 앞에서 한 말이다. lend an ear to는 "-에 귀를 기울이다, 경청하다"는 뜻이다.

Don't put all your eggs in one basket.

모든 달걀을 한 바구니에 담지 말라(한 가지 사업에 모든 것을 걸지 말라).

Don't teach your grandmother to suck eggs.

공자 앞에서 문자 쓰지 말라(번데기 앞에서 주름 잡지 말라).

- 'suck eggs'는 날달걀 끝에 아주 작은 구멍을 뚫어 속의 액체 내용물을 빼내는 정교한 작업을 말한다. 이렇게 겉을 깨지지 않게 하면서 속을 비운 달걀은 장식을 하거나 희귀품으로 진열하는 데 사용되며, 이는 전통기술로 할머니 세대가 잘 하기 마련이라서 나온 말이다.

The revolutionaries of today become the reactionaries of tomorrow.

오늘의 혁명세력은 내일의 반동세력이 된다.

– 독일 사회학자 로베르트 미헬스Robert Michels, 1876~1936.

Elite rule is facilitated in large part by the general unconcern of the masses. Most persons prefer to have leaders make decisions for them.

엘리트 지배는 대중의 무관심에 의해 조장된다. 대부분의 사람들은 지도자들이 대신 결정을 내려주는 걸 선호한다.

- 독일 사회학자 로베르트 미헬스Robert Michels, 1876~1936.

You can't legislate intelligence and common sense into people.

사람들에게 지성과 상식을 법으로 강제할 수는 없다.

- 미국 코미디언 윌 로저스Will Rogers, 1879~1935.

Detachment is the prerogative of an elite.

초연함은 엘리트의 특권이다.

- 미국 비평가 수전 손택Susan Sontag, 1933~2004.

Better never to begin than never to make an end.
끝을 맺지 못할 바엔 아예 시작하지 않는 게 낫다.

_____

_____

_____

_____

The end justifies the means only when the means used are such as actually bring about the desired and desirable end.
사용된 수단이 실제로 바라던 그리고 바람직한 결과를 가져올 때에 한해서 목적이 수단을 정당화한다.

- 미국 실용주의 철학자 존 듀이John Dewey, 1859~1952.

_____

_____

_____

_____

All's well that ends well.
끝이 좋으면 다 좋다.

• 이 속담은 끝이 좋으면 과정에서의 어려움이나 고통조차 추억으로 여겨질 정도
로 다 좋게 생각된다는 뜻이다.

The end justifies the means.

목적은 수단을 정당화한다.

Knowledge of means without knowledge of ends is animal training.

목적에 대한 지식은 없고 수단에 대한 지식만 있는 건 동물훈련이다.

- 미국 교육학자 에버렛 딘 마틴Everett Dean Martin, 1880~1941.

Home is the most popular, and will be the most enduring of all earthly establishments.

가정은 이 세상의 모든 제도 가운데 가장 대중적이며, 그래서 가장 오래 지속될 것이다.

- 미국 작가 채닝 폴록Channing Pollock, 1880~1946.

Men are apt to prefer a prosperous error to an afflicted truth.

인간은 고통스러운 진실보다는 번영하는 과오를 선호하기 쉽다.

- 영국의 작가이자 목사 제레미 테일러Jeremy Taylor, 1613~1667.

How can a man be said to have a country when he has not right of a square inch of it.

땅 한 조각도 갖고 있지 않은 사람에게 어떻게 그의 국가가 있다고 말할 수 있단 말인가.

- 미국 경제학자 헨리 조지Henry George, 1839~1897.

Do not be overcome by evil, but overcome evil with good.

악에게 지지 말고 선으로 악을 이기라.

- 신약성서 로마서Romans 12장 21절.

God made the country and man made the town.

신은 시골을 만들었고 인간은 도시를 만들었다.

- 영국 시인 윌리엄 쿠퍼William Cowper, 1731~1800.

Evil often triumphs, but never conquers.

악은 자주 승리하지만 정복하지는 못한다.

- 프랑스의 수로학자hydrographer 조세프 룩스Joseph Roux, 1725~1793.

The only thing necessary for the triumph of evil is for
good men to do nothing.

악의 승리에 필요한 유일한 조건은 선한 사람들이 아무 일도 하지 않는 것
이다.

- 영국의 보수 사상가이자 정치가 에드먼드 버크Edmund Burke, 1729~1797.

평생 간직하는
영어 명문 필사
© 제임스 파크, 2024

초판 1쇄 2024년 7월 26일 찍음
초판 1쇄 2024년 8월 15일 펴냄

엮은이 | 제임스 파크
펴낸이 | 이태준

인쇄·제본 | 지경사문화

펴낸곳 | 북카라반
출판등록 | 제17-332호 2002년 10월 18일

주소 | (04037) 서울시 마포구 양화로7길 6-16 서교제일빌딩 3층
전화 | 02-486-0385
팩스 | 02-474-1413

ISBN 979-11-6005-144-5 03700
값 16,000원